예민한
봉다리

예민한 봉다리

김 영 시집

인간과문학사

● 시인의 말 ●

동쪽 문을 열어두고

해 뜨기를 기다리던

작은 판잣집

그 판잣집 같은 생각들을 묶어

담장 밖을 기웃거린다.

차례

제1부

제2부

제3부

제4부

김영 시인의 시 세계

인간 본성과 만유 존재가 교응交應하는 심미적 이미지의 선시禪詩

제1부

상전, 이라는 말

상전, 이라는 말
유쾌하지 않지만
꽃들을 생각하면 흐뭇해진다

가장 높은 곳에 꽃송이들을 앉혀두고
줄기들은 단 한 번도 주저앉거나 기대지 않는다

화무십일홍이란 웬만한 꽃을 극진하게 상전으로 모시는
시간, 임기를 마친 꽃의 행장은 압축파일로 봉인하여 마
침내 눈도 코도 귀도 소용없는 씨앗이 된다

더는 문장이나 수사를 끌고 가지 않는
마침표가 된다

제가 섬기던 상전을 줄기는, 위에서 가장 낮은 곳으로
혹은 뿌리에서 가장 먼 쪽으로 떠나는 바람에 태워 낯선
장소에 부려 놓는다. 이때 흙은 꽃의 기억을 초기화한
다. 세상의 모든 어휘사전은 이때를 기점으로 상전이 위
를 지칭하지 않는다고 수정한다

꽃이었던 씨앗은 흙을 상전으로 받들고 흙은 씨앗의 윗전이 되어 다음 계절이 온다. 그것이 꽃들의 의례여서 봄이 봄으로 다시 온다는 것을 줄기들은 알고 있다

가장 위쪽에서 피는 꽃도
가장 위쪽이 되고 싶은 사람도
한편으로는 제 위쪽을 늘 비워놓는다

위의 上이라는 말과 아래의 下라는 말을 붙여보면 두 글자가 같은 바닥과 같은 줄기를 나누어 쓰고 있다는 것을 알 수 있다. 심지어 줄기에서 돋는 첫 잎 같은 첫 획도 같은 방향이라는 걸 알 수 있다

위와 아래가 같은 마음으로 번갈아 다음 계절이 되는 것이다

창문의 일상

네모난 바깥이
안으로 들어온다.
반듯한 도형이지만 비스듬한 오후가
깃을 들이기도 한다
서쪽의 기울기라고 하지만
동쪽에게 배운 것 같다

지구 위에 존재하는 각도와 도형들엔
사람이라는 주인이 있다
측량기사들이 빨간 말뚝을 꽝꽝 박아놓은
넓이와 도형에는 새 주인이 생긴다
아무리 지구가 돌고 또 돌면서 뒤섞으려 해도
도형들의 주인은 확고하다

사각을 삼십 도의 각도로 접으면 지붕이 된다
지붕 밑은 어떤 곳인가
올려다보는 일로 부끄러우면 지붕을 얹고
들여다보는 일로 부끄러우면 커튼을 친다
또 대부분 사람은 벽을 세우는 일에 열심이다

자신의 벽 안에 자신만의 하늘을 들여놓고
눈 속엔 엿보는 일을 숨겨놓고 있다

하루가 들렀다 가지 않는 창문은 없다
안쪽의 불빛을 동경하는 일과
바깥의 햇빛을 희망하는 일을 동시에 하고 싶을 때
창문을 등장시킨다

밤이면 네모난 안쪽이
밖으로 나온다
밖으로 나온 사각은
어둠을 잘라내는 일에 골몰하는 것 같지만
한 눈금의 어둠도 덜어내지 못한다
그래서 창문 안쪽에서는
제 그림자를 돌보는 일이 어렵다

어둠은 어디로 넘어지나

오래전 넘어진 적 있는
밤의 귀퉁이
핏방울 같은 불이 켜있다

몇 번쯤 그 핏방울 같은 불빛 속으로
찾아들곤 했지만
넘어진 밤의 모서리는
내가 주저앉은 자리다

 더듬거리던 것들 쏟아버린 사람, 혹은 쏟아버린 낭패를
주워 담는 사람이 밝은 대낮 어디쯤에서 넘어진 일들을
캄캄한 밤에 물어야 소용없다

어떤 낮이든 결국은 밤이 된다
또 어떤 밤도, 밤의 어떤 곳도 결국은 낮이 되고
낮엔 넘어지는 일이 너무 분명해서 부끄럽다
그렇다, 밤의 좌초도 낮의 좌표도
모두 자신이 자초한 일이다

이상하다
밤에 넘어진 상처에선 붉은 피가 흐르고
낮에 넘어진 상처에선 거뭇한 멍이 배어 나온다

낮엔 햇살이 무너지는 것을 볼 수 있다지만 밤은 너무
깜깜해서 어둠이 어느 쪽으로 넘어지는지 볼 수 없다.
누군가 어둠은 슬프다, 한다면 내가 어느 쪽으로 무너졌
는지 모르겠다 맞장구치며 딸깍, 스위치를 누를 것이다

불빛 같은 핏방울이 그때
어둠의 이마에서 배어 나올 것이다

암막 커튼

달月은 저의 절반을 나누어 밤의 커튼을 만든다

흑야와 백야를 함께 구매하는 동유럽사람들의 수면은 23.5도의 기울기로 기울어져 있다. 인간은 어쩌다 비스듬한 각도를 가장 편안한 자세로 익혔을까. 반듯한 자세로 누워있다 보면 환한 대낮에 미안하고 침침한 전등 아래 등을 구부리고 앉아있으면 밤에게 미안할 때가 있다

암막 커튼 밖으론 한낮이 지나가고 안쪽으론 잠이 지나간다

낙타는 눈썹 하나로 제 몸에 맞는 햇살을 계량하고 모래바람을 막는다. 껌벅거리는 낙타의 커다란 눈 속을 들여다보면 몸을 한껏 움츠린 모래 폭풍과 태양의 흑점이 숨어있다는 것을 알 수 있다

맹장지盲障紙를 파는 상인은 그믐밤을 견본으로 갖고 다닌다

남의 일과 나의 일을 바꾸고 싶었던 적이 있다. 그때 나는 맹장지의 안과 밖 어느 쪽에 있었을까. 가끔 이불이 구겨지는 소리가 나던 귓속은 누구의 밤이었을까

보이지 않는 세계

세상은 보이는 것들과
보이지 않는 것들이 손잡고 있을까요
많은 사람이 그렇게 믿고들 있고
또 당연히 믿으려고 합니다
그러나 이도 저도 믿지 않거나
끝끝내 믿지 않으려는 사람들은 굳이 벽이나
담장을 만들어 어느 한쪽을 감추려고 합니다
감추는 일과 숨기는 일이 다르겠지만
내일이나 내년같이 다가올 미래들과
아직 아무것도 되지 않은
씨앗들과 꽃송이들이 숨긴 꽃
그리고 끝내 아무 이름도 없을 뿌리들이 숨긴 줄기들과
상냥한 표정 속에 숨긴 말의 본성들은
아무리 잘 숨겨도 저절로 드러나고야 맙니다

처음 세상이 생기고 사람들은 캄캄한 밤에다
많은 것들을 숨기려 했지만
그렇게 숨긴 후에 영영 찾아내지 못하는 일도 많아서
밤은 두려운 것이 되고 말았습니다

그래도 밤엔 제 눈을 스스로 밝히는 짐승들이 있습니다
그런 짐승들은 밤에도 넘어지지 않고
길을 잃지도 않습니다

밤과 낮, 둘 중
한낮을 차지한 사람들은 밤까지 빼앗으려
밝은 전구를 만들어 밤을 멀리 쫓아 버리고
야근이니 밤샘이니 하는 핑계를 만들기도 합니다
그러나 밤은 힘이 셉니다
밤샘과 야근을 하며 밤을 괴롭히던 사람들이
끝내 밤을 차지하지 못하고
오히려 한낮에 두 눈을 감고
밤을 불러들여야 살 수 있습니다

밤의 까만 장막 안엔
저절로 숨는 것 말고는
아무것도 숨길 수 없습니다

두려운 바깥

바깥에 두려움을 두고
안쪽에서 두려워한다

생각해보면 나는 자신의 가장 깊숙한 안쪽에
온갖 혐오스러운 바깥을 두고 있다
그런 바깥을 떼어내려고 화장을 하고
거울을 보며 큼큼 헛기침을 불러오고
옷매무새를 이리저리 매만진다

바깥은 조그만 틈 저쪽에 있고
안쪽은 움츠린 숨 이쪽에 있다

원래 가느다란 두려움은 커다랗게 부풀어 있고
원래 커다란 숨결은 가느다랗게 졸아들어 있다

아무 기척도 없이 안쪽에 숨어 있지만
그런 안쪽을 못 견딘다면 넓고 넓은
바깥을 안쪽으로 살아내야 한다

그 많은 두려움이란 사실
다 안쪽에 존재한다
안쪽에 두려움을 꼭꼭 갈무리해 두고
자신을 꼭 닫아놓을 마개 하나씩 모두 갖고 있다
조금이라도 새어나가는 것을 참지 못한다

저의 안쪽을 다 흘리는 일로
봄날의 꽃들이 만발해 있다
그런 뒤에야 시고 떫고 달콤한 안쪽을 위한
마개 하나씩 닫고 가을까지 간다

지금 캄캄한 안쪽은
저 혼자 어둠을 먹이 삼아 가을볕처럼 익어
마침내 마개를 열어젖힐 것이다

흉금을 털어놓는다는 말

가슴 한가운데가 뻥 뚫려있었다는
관흉국 사람들 이야기를 읽다가
흉금을 털어놓는다는 말을 생각한다

휑하니 뚫린 가슴의 구멍으로 바라보면
비로소 나무는 나무로 보였겠고
시냇물은 시냇물로 보였을 것이다

가슴에 구멍이 뚫렸다는 말은
허전하고 쓸쓸하고 허망하다는 말보다는
내 생각이 따로 없다는 말과 가까울 것이다
가슴에 뚫린 구멍은 그저 투명하기만 해서
마음 밖의 어떤 생각이나 일이
굴절 없는 제 모습을 들키는 일일 것이다

마음 끓이는 일과 간절한 일이
가슴을 통과하는 사이
곡해되거나 덧입혀지지 않은 모습 그대로
관통했다는 말일 것이다

관흉국 사람들은 그 구멍에
대나무를 가로질러 가마처럼 타고 다녔다는데
상황이나 상대에 따라 변하지 않고
가슴 구멍으로 보고
대쪽 같이 판단했다는 증거일 것이다

이곳 사람들이 가슴을 관통하는
그 힘으로 가족을 꾸리고
허전하게 나이를 먹으면서도
당당히 늙어가고 있는 것처럼
관흉, 그 가슴 구멍이 메워지지 않도록 늘 조심하면서
결심하거나 체념하는 일도
가슴 구멍이 넓혀지는 대로 했을 것이다

관흉국 사람들은
흉금을 털어놓고 평생을 지냈으므로
그 나라에서는 따로 비밀이 자라지 않았고
힘센 우김이 무성하지 않았고
말과 말 사이에 숨을 뜻을 찾는 수고를
굳이 할 필요가 없었을 것이다

착지

무용수가 두 발을 버리고
뛰어올랐다가 다시 버린 두 발을
정확히 찾아 착지한다

한 켤레 신발이 닳는 시간이라 해도 좋겠지만
세상엔 맞춤한 착지들이 많다

어젯밤엔 프로펠러도 없이
흰 눈발이 조용조용 내려왔다
지붕 위에서부터 탱자나무 가시울타리에까지
가리지 않고 내린 그 두께를 두고
태양의 오전 일과라 말해도 좋다

제가 뛰어오른 제 발돋움을
정확하게 찾아서 다시 내리는 일
날개 없는 그 짧은 비행으로
사람은 여러 놀이를 발명해 냈다

바람이 내려앉은 나뭇가지들이
나비가 되고 가벼운 새가 된다고 믿은 적이 있다
그런 나뭇가지는 마치 조류도감 같아서
종류가 서로 다른 새들이 앉았다 갔지만
그중 아름다웠던 것은
희고 여린 꽃이 열흘 남짓
머물다 간 일이었다
그 기간을 일컬어
열매를 포란하는 시간이라 해도 좋을 것이다

공중으로 뛰어올라 제 발을 버린 후의 꽃
열매는 또 나뭇가지에 머무는 동안
눈이 새까만 씨앗을 포란하고 있다고 해도 좋을 것이다

꽃의 착지는 열매라 할 수 있고
열매의 착지는 씨앗이라 할 수 있을 것이다

무거운 손

명상 중인 사람들은
두 손을 배꼽 앞에
가지런히 모아두고들 있다

저 손으로 터지려는 자신을
지그시 누르는 중이다
입속에서 중얼거리는 경전이 낡아
기어이 터져 나오는 하품을 타고 날아가 버릴 때까지
두 손으로 자신을 꼭
걸어 잠그고 있다

수행자들의 손이, 달을 가리키면
그곳에 밤이 있고
욕심을 손꼽아 헤아리면 따뜻한 차가 쥐어진다
손이란 텅 빈 거울을 받치는
좌대에 불과하다는 듯
일생이란 여기서 저기로 옮겨가는 일이 전부라는 듯
왼 손바닥 위에 오른손을 얹어두고
중얼중얼 입속의 경전을 돌본다

손끝에는 세상의 기술들이 모여 있지만
현생은 아무런 기술이 없는
쓸모를 찾지 않는 손으로 살아내겠다고
추위가 잔뜩 묻은 햇살을 손바닥 가득 담는다
가벼운 햇살로
수행자의 손바닥은 무거워진다

문명 대신 마음을 읽고 마음을 외우고
마음에 밑줄 그으며
세상 문명에 문맹의 독서자로 지낸다

한가한 병

지난해까지만 해도
물살처럼 일하던 사람
온갖 넝쿨들처럼 얽히고설켜 일에 매달리던 사람이
올해 들어 한가하다

힘에 부치는 육신을 마음 밖에 내어놓고
힘겹게 지팡이를 짚고
이 나무와 저 나무 사이를 천천히 걷는다

좀 어떠냐고 물으면
한가한 병을 앓고 있다고
모든 병은 한가해서
아무 일 않고 무위도식 중이라고
쓸쓸히 웃는다

그늘에 앉아 한숨 쉬면서
힘에 부치는 일들일랑 내일로 미루거나
땡볕에 방치해 놓고 지칠 때를 기다리면 되지만
온몸을 다 쓰면서 끙끙 앓는 병은

쉽사리 지치지를 않는다

어쩌면 죽음 하나를 성사시키려고
병 하나가 전심전력 중인지도 모른다
이맛살까지도
찡그리는 일에 쓰고
눈에 보일 정도로 떨리는 주먹까지도
간당간당하다는 말에 종사하는지도 모른다

병은 너무도 한가해서
끙끙 앓는 일 외에는 아무 일도 하지 않는다

예민한 봉다리

비닐봉지가 쉴 새 없이 소란스럽다
거기 어떤 바람이 들어 계신 건가요

도무지 안쪽과 바깥이 모두 미끄러우니
어떤 마음이 붙어 있을 수 있겠습니까
조금만 바람이 불어도 들썩이는 것은
바람이 하는 일이 아니라
마음이 비껴가는,
미끄러지는 일인 것입니다

손잡이는 또 무엇입니까
몇백 년을 넘도록 썩지 않는 불사조이면서
고작 일회용으로나 쓰인답니까
조금만 담아도 불룩하니
제 속을 들킨답니까

바람보다도 예민하고
작은 불길만 닿아도 소스라치며 바짝
몸을 움츠리는 이 존재는

그러나, 두려운 것이 없습니다

세상을 막론하고 유무형을 다 담을 수 있습니다
절대 흘리는 일 없이
질척한 것들을 옮길 수 있습니다

어떻습니까
이만하면
예민한 봉다리 아닙니까

새 떼

가끔 옆이나 뒤
혹은 앞쪽과도 마음 맞지 않을 때
습지를 날아오르는
새 떼들이 부럽다

어쩌면 저렇게 한마음으로
한 방향으로 뭉쳐날 수 있나
어느 체계가 저렇게 급강하를 하고도
어지럼증도 없이
일제히 솟구칠 수 있나

공중 한편에
깃털이 돋아난 커다란 무리가
마치 한 마리 같은 새 떼
혹은 여러 마리 같은
한 마리 질서

수시로 앞과 뒤를 섞으면서
공중을 휘어잡는 저 일사불란

날개 수백 개가 한 방향을 향해
겹겹이 허공을 박음질하는 통솔의 통솔력
만 개의 입이 재잘거려도
토씨 하나도 어긋나지 않는 저 만구일담

그런 합일이 부러워 마냥 쳐다본다

간혹 파편처럼 퉁겨지는 새가 있지만,
이내 거대한 자석에 이끌리듯
제 줄을 찾아간다
막 어둑해지려는 공중을 수놓는
만장일치가 밤을 거뜬히 건너고 있다

제2부

풍경 핥는 고양이

비 온 뒤
절 마당에 우묵하게 고인 물을 핥는 고양이
어떤 맛일까

귀퉁이가 접힌 구름은 어떤 맛일까
처마에 매달려 녹슨 풍경은 어떤 맛일까
얇디얇아서 몇 겹을 겹쳐 먹어도
갈증이 가시지 않을 것 같은 고인 물
뙤약볕이 고인 물에게 날개를 달아주었을까
잠시만 한눈을 팔아도 금세 날아가고 없다

고인 물과 함께 노는 것은 온통
공중의 것들이어서
눈 깜짝할 새, 새보다 더 빨리 증발해서
구름으로 몸 바꾸는 고인 물속의 풍경
어쩐지, 고양이들이 한결같이
가볍고 빠르다고 느꼈다면
그 고양이는 풍경 맛을 본 고양이일 것이다

고인 물속의 풍경을
앞발로 툭툭 건드리며 이리저리 핥았던 고양이
고인 물의 증발을 흉내 내고
풍경은 먹어 보았어도
풍경소리는 미처 배우지 못해
지금도 고양이는 야옹야옹 우는 것이다

여름 한낮에 고여있는 내 무료와 무모도
고인 물을 따라 증발하면 좋겠다
살찌는 고양이 한 마리 같이
비 온 뒤 더 통통해진 고인 물들

세수

날마다 얼굴을 만지면서도
손가락과 손바닥은 표정을 모른다
난처한 일이 닥칠 때마다 마주 잡아보지만
손바닥에는 표정이 묻어나지 않는다

꿈의 뒷모습만 만지작거리다 만
아득한 난항難航을 알고 있다는 듯
표정에 물을 묻히면 눈을 질끈 감는 세수는
꿈을 위로하는 일일까
완주하지 못한 잠을
어느 경계에서 찾고 있는 일일까

어제의 표정으로 어제가 묻은 일을 한다
날마다 난항인 것도
비누칠까지 해서 새로 고친 표정을
오늘이 알아보지 못하고
어제의 표정으로 살겠다는 자세라고 생각했다

어젯밤 꿈의 뒤꼍을 뒤척이는 사이
손금이 크레바스처럼 열려
오늘 아침 세수해서 마련한 새 표정을
나락으로 밀어버리고
시치미 떼고 있다는 생각도 했다

그러면서 조금씩 얼굴을 바꾸는
거울을 아침마다 모르는 척 해준다
거울이 보여주는 표정을 구석구석 살피면서도
못 본 체해준다

오래 쓴 세숫대야를 알고 있다
울퉁불퉁한 얼굴이, 표정이 전이되었을까
온통 찌그러져 있다

얼룩이 따라 왔다

외출했다 돌아온 날
얼룩 하나가 따라왔다

그냥 지나가는 구름 조각이려니 했지만
얼룩은 접지력 좋은 짐승처럼 집요했다
무거운 바위처럼
앞섶에서 지워지지 않는다

천형처럼 제 무늬를 붙이고 다녀야 하는
고양잇과나 파충류들처럼
어쩌면 숲 한 귀퉁이가 옮겨붙어
나무 그늘이 증식 중인지도 모른다

사실 무늬는 사람도 많이 달고 다닌다
맨살에 붙어 떨어지지 않는 동안
무늬는 그 사람의 속살이 되었다
뻔뻔해야 하는
무늬는 몇 개는 그대로 얼굴에 붙어 있어
그것만으로 한 과科를 개설할 수 있을 정도다

사람들은 마음속에
서로 닮은 무늬들을 갖고 있다
그래서 상대의 속셈을
어렵지 않게 알아챌 수 있다

사실 고백하자면
아무도 모르게 마른침 삼키듯
내게도 꿀꺽 삼킨 얼룩이 많다

시작시작 밀려오는

자판을 두드리는 동안 마음을 수평선에 걸어둔다
잘라낸 손톱이 아쉬운 낱말보다 먼저 자라난다

물 젖은 문장을 뒤적거리는 가마우지들과
풀렸다고 생각하면 엉기고
열렸다고 생각하면 막히는 글줄들, 그리고
자판 앞에서 전전긍긍하는 동안
여지없이 다시 자라는 손톱들

눈치 없이 깜빡거리는 커서와
걸핏하면 캄캄하게 저무는 노트북을
다 식은 커피 향기 아래 펼쳐두고
조가비들이 수행하는 해변으로
한 소식 들어보러 간다
한 말씀 챙겨보러 간다
간신히 찾아낸 문장들은 껍데기만 남았고
나는 순례자가 되어 되어 서성거린다

始作 時作 試作 詩作
해안으로 다시 밀려오는 파도들
해안선 너머까지 자라는 손톱들

해무를 덮고 까무룩 잠들었던 수평선과
수평선에 걸터앉아 다리 그네를 타는 먼 섬에는
닿지 못할 것 같은 문맥이 끝없이 이랑 진다

조개들의 가부좌가 즐비한 해변에서
하얗게 삭아 내리는 파도의 오도송을
귀 어두운 소나무에 기대어 듣는다
가끔 갸웃거리며 듣는다

문장을 기르는 잘피밭은 아직 무성하다

자화상

악마와 영혼을 거래할 수 있을까 생각하며
바닷가에 서면
한 꺼풀의 나 다시 밀려온다
기를 쓰고 덤비던 나
거품 물고 대들던 나
길을 벗어난 채 흘러가던 나
일요일마다 세탁기에 처박은 나가
바닷가에 서 있으면 한꺼번에 밀려온다

어떤 나는 씻어내도 씻어내도
세상 구석에 잠깐 웅크렸다가
도로 내게 밀물지고
어떤 나는 일주일 정도 세탁소에 맡겼다 찾아와도
고약한 흔적이 사라지지 않는다
태어나던 순간의 나로 포맷되지 않는다

나를 다시 찾아오는 나
내게 다시 덮어쓰는 나
나는 내게서 단 한 번도 한순간도

시원하게 썰물 된 적이 없었다

전생의 첫사랑처럼
맥없이 웃게 되고
보고 싶은 마음조차 아끼게 되는
나는 내 친구라는 소매 깃동에 박음질 되었는지
이물감 없는 내가 된다

여전히 씻고 또 씻어내도
여전히 밀려들고 또 밀려온다
여러 겹 씻기던 돌들은
여러 겹을 벗어버리고
모래가 되어가고
거품도 모래가 되려고
모래 속으로 파고 든다.
나는 아직 바닷가에 서 있다

털신 신은 사람

자국눈 눈발이 날려
세상의 바닥들이 한없이 얇아졌을 때
털이 수북한 발을 보았다

짐승의 쪽에서 사람으로 오는 중인지
아니면 사람의 쪽에서 짐승으로 건너가는 중인지
얇은 바닥에 사람들이나 가능한
신발 무늬를 찍으며 걸어가고 있었다

사람은 위급할 때
사람 속으로 숨지만
짐승들은 위급할 때
달리는 속도나 으르렁거리는 송곳니 속으로 숨는다
날리는 눈발 속으로
천천히 아주 천천히 멀어지던
발만 짐승이었던 사람을 보았다
그가 지나칠 때마다
서둘러 사람들이 피하는 것으로 보아
그는 사나운 짐승의 한때를

아직 못 벗어난 것이 틀림없었다
그래도 아직은 사람이라고 자국눈 위에
세상 어디에나 있는
그러나 세상 어디에도 없는
사람의 무늬를 찍어내며 걷고 있었다

발자국을 가진 존재 중에선
사람이 단연 우위에 있을 것이다
아무리 짐승이었던 흔적을
낭비하려 해도 발자국은 닳지 않아
그의 축 처진 꼬리가 눈 위에 끌린 자국은
오늘 밤 사람의 마을에서
곁불을 쬐고 싶다는
간절하고 소심한 타전 방식이다

속눈썹

눈 속에
속눈썹 하나가 끼어 자꾸만
눈을 깜박이게 한다

나의 일부가 내 속에 남아서
순간마다 나를 흐릿하게 한다

눈앞에 무언가 이리저리 날아다니는
비문증은 아무리 애써도 읽을 수 없는 비문이어서
번번이 나를 불편하게 하고
손톱의 뿌리를 박차고 일어선 손거스러미도
아무리 달래도 나와 다시는 한 몸의 살이 될 수 없어
틈틈이 나를 신경 쓰이게 한다

저 마른 들풀들은
바람의 머리카락이나 속눈썹쯤 될까
흔들리는 것, 그것은 무심하다는 증거겠지
중심을 버린 자세
어느 쪽이어도 상관없다는 뜻

초록일 때는 끌려가지 않으려는 자세였고
마른 풀이 되어서는 끌려가고 싶은 쪽으로 휘어져 있다
힘을 버린 뒤끝들,
바람의 유희쯤 될까

사실 사람의 몸에서 가장 무심한 것이 머리카락이나
눈썹이나 수염일 것이다
감정에 불려 가지 않는 부위들
아무런 통증도 느끼지 못하는
마치 시간의 단위 같은 길이들이지만

속울음 한 방울을 훔치는 동안 빠져나간
속눈썹 하나가 내내 불편하다

추월

어린 날 나는
나를 추월한 나이를 말하곤 했었지
그것도 모자라서 저만치 앞서간 곳에서
내가 가까이 오길 기다렸지

오늘은 어제를 추월한 날이라고
어제를 마냥 기다린 적도 많았지만
어제는 그제를 그제는 또 아득한 옛날을 앞질러 온 날에
불과했다

기다리는 것들은 한 번도
제 시간에 오지 않았다

자두나무에 자두 꽃이 핀다. 어떻게 작년의 꽃들이 올해
의 자두나무를 정확히 찾아오는지 와서는 향기가 되고
신맛이 되는지 모를 일이지만 일생의 모든 꽃을 앞질러
와서 매년 그 꽃들 기다리는 자두나무 한 그루를 심어놓
은 날, 내 속엔 언제 누구를 앞질러 박아놓았는지도 모
를 쇠말뚝 하나 녹슬어 가고 있다

철들었다는 말과 철든다는 말이
나를 훌쩍 앞질러 온 말이라는 것을 알겠는데
거울을 보면 나를 놓친 얼굴이
천애고아처럼 울기 직전이다

신발들

나와 딱 맞는 것이 있다면
신발도 그중 하나일 것이다
신발이 발에 딱 맞는 치수가 되려면
약간의 헐렁함이 숨어있어야 한다
아침의 발로 저녁의 신발을 사려 한다면
저녁의 신발로 아침의 신발도 신어보아야 한다
저녁은 발이 붓는 시간이어서
신발 속 아침의 여유분 속으로
발이 쉬러 온다

신발은 느긋한 보폭들로 닳는다
그 옛날 아버지의 얼큰함이란
다 그런 느슨함에서 슬쩍
샛길로 빠진 날들의 낯빛이었다
제 발굽이 헐렁해진 소는
주인의 의도 없이도 저녁이면
짤랑짤랑 워낭을 울리며
외양간으로 돌아오곤 했었다

발이 붓는 저녁을 위해

약간의 터덜거림이 꼭 필요하듯

저녁 무렵은 유독 발이 큰 피곤함이 있다

딱 맞는다는 것이

여지없다는 뜻은 아니라서

캄캄한 밤의 불빛 한 점 같은 틈이 있다는 뜻이다

발끝을 꼼지락거려보면

신발 속 돌멩이를 더듬는 일도

신발 끈의 단단한 정도도 느껴지는 것이다

훼방

잉크 한 방울이면 충분하다.
엎지르는 실수 한 번이면 족하다

무형無形이 깃든 여백은 아무짝에도 쓸모가 없지만 대신,
누군가 다급하게 낭패를 찾는 중이라면 요긴하게 쓸모가
있겠지

그렇지만 우리는 대부분의 무형에서 모양이 엇비슷하게
맞는 곳을 찾고 다듬어서 꼭 맞는 모양을 만들어 냈다 구
름의 무리가 비를 만들어 내고 건조한 바람이 능선을 매
일 같이 갈아 날을 서게 하는 일도 각각의 천품으로 간주
된다

누군들 쥐어짜면 그런 잉크 한 방울 없겠는가. 매일 같이
그 한 방울이 새어 나오지 않게 단속하는 것이 그중 아름
다운 처세려니 하며 사는 것일 뿐이겠지

생면부지의 누군가에게 한 번의 내 실수를 맡겨놓고 산
다고 생각하면 가끔은 미안해지는 마음이 들기도 하지만

그러니 말로 짓는 사과들
그 말을 만들어 내는 내 안의 공장은 이미 폐업해서
그 말, 몇 개 남지 않았다는 사실을 알아야 한다

뜬 돌

구름을 돌로 눌러 놓았다
그곳에다 집을 짓고
몇 그루 애완하는 나무를 불러들이고
남향을 뜯어와 창문을 내려고 했다

구름은 돌을 밀쳐내지 않고 흘러가고
다른 구름이 돌 밑에 스며드는 날들이 이어지는 동안
돌은 들뜨는 무게를 갖게 되었을까

누군가가 사는 한 곳과
셀 수도 없는 그곳들을 싣고
지구는 매일 구름의 속도로 돈다

구름의 경제속도에서
가속하면 쏟아지고 감속하면 넘어진다

어느 한 곳의 주인이 되려면 적어도 그곳보다는
무겁고 버텨내는 힘이 있어야 하지만
자주 비워놓은 집에선

앞마당이 달아나 뒷마당이 되고
나무들은 마을의 이집 저집을 전전하다
뿔뿔이 흩어졌다

자신을 비운 사람은 구름의 속도로 늙고
구름을 눌러놓았던 돌에선
싹이 돋고 깃털이 자란다

더늠*

약국 문을 열고 할머니가 나온다
삐걱삐걱 실버카가 앞장선다

약봉지에 담아온 오늘을
실버카 의자 아래 구겨 넣느라
한참을 덜그럭거리는 어둔한 손가락들

굽은 등허리로 비는 부슬부슬 떨어지고
우산은 나 몰라라 저만치 나동그라졌다

간신히 닫는 의자 뚜껑 위에
당일 대출
네 글자 그악스레 붙어있다

글자들의 표정은 단호하고 선명하다

당일을 대출받아 저쪽으로 건너가는 할머니
빤히 보고 있어도 어느새 잠적하는 야생고양이처럼
가벼우나 무거웠던 비는 걷혀가고

몇 번씩 헛짚는 걸음을 점멸등이 깔축없이 재촉한다

더 넣어둔 하루가, 가쁜 숨과 함께
간신히 도로 턱에 닿는다
빤히 보고 있어도 저만치 가버리는 새 떼처럼
하루치의 목숨은 그새 거지반 날아갔다
하루를 건너는 흰 선과 검은 선의 경계에서
애매한 미열이 감지된다

나뭇잎 서너 장이 의자를 붙잡는다
떠듬떠듬 저쪽으로 가던 걸음이
당일 대출 위에 잠시 앉는다

아직 멀쩡한데 버려진 외투의 기분이 전이된다

* 판소리에서 명창들이 사설과 음악을 독특하게 새로 짜서 자신의 장기로
  부르는 대목

제3부

버드나무 곡비기哭婢記

버드나무는 파랗게 운다
치렁치렁 흐느낀다
흐르는 물 옆에
하염없는 울음 옆에
누가 산발한 나무들을 데려다 놓았나 싶지만
버드나무는 흐르는 물소리를
저절로 찾아내는 나무다

휘휘 흐드러진 여름 한낮 더위에 못 이겨
버드나무 그늘이라도 좀 빌릴까 싶지만
진득하니 제자리를 지킬 줄 모르는 그늘은
경망이랄까 방정이랄까 물소리만 흉내 낸다
그러니 마음 가라앉힐 요량이면
버드나무 그늘은 애써 고집할 장소가 못 된다
다만 잠시 앉아서 가지런한 머릿결이나
흩트려 보고 싶다면 또 그만큼
맞춤한 장소도 없다

여름 나절 버드나무 울음을 무음으로 듣는다
대부분의 나무 들은 그 속에 추운 겨울과 꽃 피는 봄
쓸쓸한 가을과 무더운 여름을 다 갖고 있다
그러니 웬만큼 무딘 사람의 마음보다
버드나무는 더 감정적인 존재다

끊임없이 흘러가는 속도를 헤아리며
누가 곁에 있어 주려고 하겠는가
버드나무는 흘러가는 물살을 보며
흐르는 일과 흘러가 버리는 일의 속을 헤아려보는 것이다

옷들이 자란다

작은 옷은 어제의 옷
조금 헐렁한 옷은 내년의 옷일까

아이들이 빠져나간 옷은
보듬어 키운 애정이 빠져나간
품속 같다

애정도 오래되면 낡아지고
보풀이 일고 실밥들이 뜯어지고
어떤 실망에도 맞지 않아
헌옷수거함 같은 곳에 버려두고 오고 싶을 때가 있지만
원래 애정은 품이 크다

옷들은 자란다
점점 작아지는 사람은 없으니까
쑥쑥 크는 아이들을 따라서 옷들은 커지고 넓어진다
그러다 더는 옷들이 자라지 않는 때가 오고
그때부턴 옷들이 늙는다

장롱 속을 뒤져보면
어린 옷과 젊은 옷이 뒤엉켜 있고
그런 옷들에선 지나간 냄새들이 난다
몸이 버린 냄새,
몸을 버린 냄새가 난다
애정이 조금씩 사라지는 냄새가 난다

장롱 맨 아래 칸에는
조금씩 자랐던 나의 껍질들이
켜켜이 쌓여 있는데
바다 깊은 곳에 사는 게들은
저의 껍질을 벗다 죽는 일이 다반사라고 한다

별을 모셔오는 조각가

아무도 모르게
변산 바다가 용트림을 하던 날
바닷가 마을에서 별 하나가 태어났다

돌 속의 별들을 불러내어
금구원 마당에 풀어놓느라
자신이 별인 줄도 모르고 살던 조각가였다

날마다 별밭을 가꾸던 김오성 조각가는
별밭에서 뛰놀던 아이들이
별을 모셔오는 어른으로 성장하리라는
야무진 포부 하나를 금구원에 풀어놓았다

별을 반짝반짝하게 닦는 김오성 조각가 덕분에
금구원에서 피어나는 꽃봉오리들은
모두 별 모양으로 활짝 피어나고
금구원에 전시된 석상들은
모두 별처럼 찬란한 이야기를 품었다

별을 반짝거리게 닦는 김오성 조각가 덕분에
금구원에서는 호랑가시나무와 참대나무와 동백나무가
이곳을 방문한 사람들에게 별 이야기를 들려준다
그렇게 별과 나무와 사람과 돌이 하나가 된다

금구원 조각공원에서 별밭을 가꾸던 김오성 조각가는
2023년 10월 22일
별밭으로 거처를 옮기셨다.

변산의 도청리가
바람 불어도 흔들리지 않고
비가 쏟아져도 젖지 않고
밤에도 캄캄하게 저물지 않는 것은
이제는 별이 된 김오성 조각가가
밤마다 이 조각공원에 별을 모시고 오기 때문이다

암*

새벽 해변을 걷는데
파도가 얌냠 맛있게 끓는다

뱃길도 물길도 등대도
다 저마다의 길이 있다는데
나는 어쩌다 길을 잃었을까

파김치 된 아버지가 대문에 들어서면
우리 집은 파도 소리가 파절하는
역설逆說적 공간이 되었다

죽을 맛이 쌓여 있는 툇마루 끝에선
등잔불이 격하게 돌아앉곤 했다

밤새 출렁거린 파도를
손등 위에 밥물로 앉힌다.
거실 가득 해조음을 풀어놓고
파랑 한 채를 끌어다 밥을 끓인다

파란 숟가락에 파란 접시를 놓으면
밥상엔 서먹서먹한 모래가 반찬으로 올라온다

어젯밤 윤슬은 물고기들의 잇몸이었을까
새벽 햇살은 어둠의 잇바디였을까
장독 위에서 찰람찰람하던 윤슬도 사라지고
밥상머리에서 환하게 웃던 잇바디도 늙어버려
귀퉁이 닳은 얌이 아침마다 조금씩 썰물졌다

* 얌(yam) : '바다'를 지칭하는 히브리어

물푸레나무

한겨울 물푸레나무엔
파란 숨을 쉬는 짐승 한 마리가
꿈틀거리는 무늬를 부려놓았다

잔털 하나 없는 짐승이
잔뜩 웅크린 채 얼룩덜룩한 겨울잠을 잔다

봄의 먼 물길을 당기기도 하고 밀어보기도 하며
탄력을 키우는 걸까
앞쪽 가지와 뒤쪽 허공이 가끔 다가오고 밀려난다

일렁이는 물줄기 같은
짐승이 휘어 감고 있어서 딴딴해지는 걸까
한겨울의 물푸레나무는 결의를 가지 끝마다 다져두고
부러지지 않는 자루가 되는 연습 중이다

바람도 자기 힘을 자랑하고 싶을 때마다
물푸레나무 손잡이를 준비한다

겨울바람이 맵고 세찬 이유도 물푸레나무가 바람의 손
잡이로 쓰였기 때문일 것이다

도낏자루로 살아가던 물푸레나무가
어느 날 저절로 빠져 풀숲으로 사라지는 옛이야기처럼
물푸레나무를 감았던 짐승이 포박을 풀고
숲으로 사라지는 여름에는
줄기마다 파란 하늘과 흰 구름을 모셔 와서
휘청거리느라 구부러진 허리를 받치는
지팡이가 되기로 한다
이때부터 세상의 모든 물길이 푸르러진다

바다 도서관

물 아랫마을을 낡은 경운기 소리가
울먹울먹 기어가고 있다

초승달을 갉아먹던 애벌레는
소리쟁이 잎을 놓친다

햇볕이 닿지 않는 바닥에 닻을 내린
기억은 우려낼수록 목마르고
바다를 완독하지 못한 채
넘어가는 일몰이 쓰디쓰다

파시가 말랐다는 아버지 한숨이 파도를 넘고
노랑조기 떼가 내 노트북의 저무는 페이지 밖으로 유영
한다

행간마다 펄럭이는 바다가 산마루에 걸리면
아랫말에는 초승달이 다시 돌아온다

다음 문장을 기다리는 먼 불빛이 깜빡이고
밤바다가 열람실 문을 활짝 연다

오늘 선물

아침이슬이 저리 슬플 리 없을 것이다
저녁놀이 저리 쓸쓸할 리 없을 것이다
바람이 내 머리카락을 쓸어 넘길 때마다
뒷짐 지고 잔기침하는 할아버지에
유전자가 감탄할 수 없을 것이다
새소리가 내게까지 닿을 수 있도록
가지를 내려주는 느티나무와
물끄러미 나를 반사하는 창문 밖에서
자두가 검게 익어가는 저녁이
가만히 나를 안아줄 리 없을 것이다

두 손을 어긋매낀 채
조랑조랑 하루를 매듭지어가는 어머니 기도와
어느새 디옵터가 또 한 치수 더 높아진 돋보기를 끼고
신문을 펼치는 아버지의 오래된 해소 기침
대학 다니는 동생의 꼬질꼬질한 외투 깃과
다 닳아버려 금방이라도 단추가 빠져나올 듯한 단추 싸개
무심한 듯 저 혼자 책상 아래로 굴러떨어지는 볼펜과

아무리 열심을 내어도 끝내 흐릿한 전구가
지금까지 내 곁에 있을 수 없을 것이다

박각시나방

밤을 버리고
한낮의 나방이 되기로 했어요

불빛을 향한 분별을 버리니
낮엔 꽃들이 지천이네요
달의 정점에 다가가는 기술을 습득한 본성으로
꽃술이 겹겹으로 보초를 서는 꿀 창고를 열어젖힐 때도
어슬렁거리는 반경 없이 제자리 비행으로 충분해요

한낮의 나방이 되기로 했지만
밤의 보름달 맛을 잊지 못하여
보름달이 뜨면 가늘고 긴 대롱으로 다 빨아먹고는
밤하늘에 초승달을 슬그머니 걸어놓았어요

커다란 몸집으로
무기를 들고 무성하게 보초를 서는 꽃술 사이를 헤쳐야만
꿀 한 방울을 얻을 수 있는 일은
달을 먹어버린 천형인지도 몰라요

늦가을 꽃의 근처에는
붕붕거리는 천형을 수행하는 나방들이 있어요
아직 따스한 낮 온도를 기름 삼아
제자리 비행에 몰두하는 박각시들이지요

나비이기도 하고 새이기도 한 나방이
꿀을 찾아 꽃의 정점을 겨냥하는 것을 보았다면
엊저녁 보름달을 다 먹어버린
이름도 수줍은 박각시나방인 줄 알아주세요

뿔을 낭독하다

잔대꽃이 한 송이 피었어
게르에 딸린 작은 발코니 귀퉁이였지
검은 소가 잔대 주변의 풀잎들로 아침을 차리고
조금 후에 새끼를 데려와
더 여린 풀잎을 골라 주었어

부지런히 아침을 먹는 와중에도
방금 핀 잔대꽃을 비껴가느라 검은 소는
하마터면 뿔을 게르 발코니에 부딪칠 뻔하기도 했어

뿔을 좀 다치더라도
다쳐서 꽤 쓰라리더라도
기필코 피해서 가야 하는 것들이 우리에게도 있어
서로 어긋나는 걸음으로 부딪힌 아침
커피와 가벼운 농담과 노래로
서로의 '뿔을 사용하는 매뉴얼'을 마주 앉아 들었지
아직 해 뜨기 전이라 차가운 바람에
잔대 꽃대가 휘청 흔들리기도 했지만
산마루가 눈이 뜨기 시작했어

검은 소의 아침이 끝나고
우리의 아침도 끝나고
검은 소는 이웃 언덕으로 넘어가고
우리는 삼삼오오 오후 쪽으로 걸었어
아직 가을이 오지 않았는데
구름은 가을의 기분을 데리고 와
초원의 언덕마다 풀어놓았어
우리는 구름의 흉내를 내며
초원 위를 구르기도 하고 걷기도 하느라
여름이 우두커니 곁에 서 있는 걸 잊었어

종달새가 덩달아 날아오르는 동안
잔대꽃 여섯 송이가 활짝 피어나더라고

흰 그늘의 근황은 거뭇하다

죽은 이의 세월이란
자신의 봉분을 허무는 시간일까
이제 갓 뭉툭해진 슬픔의 끝 쪽으로
아카시아 줄기가 뻗는다
마침 꽃이 피었고 그 또한
근황인 듯하지만 뿌리들은 집요하게
파고든다 마치, 살아생전의 혈육인 듯
꽃피는 근황까지 갖추고 있다
그러하니 죽어있는 동안에도 꽃피는
혈육 하나쯤 곁에 두는 일도
그리 나쁘지는 않을 것이지만
산 사람의 성화에 꽃피는 일이란
죽은 이에겐 손잡을 수도 없고
걸어볼 수도 없는 그저 외경일 뿐이다

아까시나무는 애초부터
산 사람을 잘 알고 있는 나무인 듯싶다
가시를 성가셔하는 일은 사람뿐이라는 것도
이미 알고 있는 것 같다

죽음에도 삶에도 저만한 공터는
귀한 곳이어서 온갖 뿌리들이 모여든다
사람의 근황은 식물들에겐 그저 무위일 뿐이어서
죽은 자의 근황은 이 뿌리들로 은은하다
은은하다는 것은 찾아오는 정도가 아니다
마음먹고 찾아간 곁에서만
맡을 수 있어서
모여드는 흰 근황은
거뭇한 그늘을 하고 있다

저기, 먼지가 간다

오토바이 한 대가
먼지를 끌고 달려오고 있었다
먼지들은 제 속도가 없어서
항상 오토바이나 말의 뒤만 따라다닌다
한 번도 그것들은
앞서 달린 적이 없다

몽골 들판에서 속도란
먼지로 측정한다
빠른 물체를 따라다니는 먼지들은
제 뒤끝을 지우면서 아니, 끊어내면서
달려가고 또 온다
젊은이들과 노인들도 각자
속도가 다른 먼지들을 끌고 다닌다
앞뒤가 뒤섞인 먼지는
때론 심심한 아이들과 함께 놀기도 한다
언뜻 보면 여우들의 뒤에도
풍성한 꼬리 같은 먼지가 달려있고
양들엔 누렇게 때가 탄 먼지들이 자란다

달리는 먼지들
하늘에 나타났다 사라지는
비행운처럼, 눈길에 남는 타이어 자국처럼
영영 세월을 따라잡지 못하는
육신처럼,

그러나 심심한 바다 위에 파도를 생산하는
배 지나간 자리가 그렇듯이
집요하게 끝까지 먼지는
물체의 뒤를 놓지 않고 따라가고
또 따라온다

이봐요 도마뱀 씨

깨진 이마를 묻는다

당신에게 받은 장미 한 다발
꽃잎과 꽃잎 사이 어둠 속에
도마뱀이 따라왔다

어둠이 생의 배양실이라는
태양의 주례사는
그윽하고 찰졌다

꼬리를 자른 도마뱀 여전히 골똘하다

진한 어둠으로 밑간을 친
주례사가 휘발하는 동안
꽃잎은
화병 안에서 화병이 들어 녹아내린다

오랜 망설임이
제 수족을 잘라버린 것

장미는 너무 늦게 알아차렸다

꽃병 속의 물에는 해가 밝을수록
더 많은 이끼가 번식했다

울음의 밑단부터 딴딴해지던 꽃잎
간신히 이마를 동여맸다

에덴은 언제 첫 삽을 뜨나요?

제4부

공용

공중이라는 말은
공용이라는 말이다

공중은 날개 전용공간 같지만, 사막이 모래 갈이를 하는
봄날이나 줄 끊어진 애드벌룬이 한 점 바늘 끝이 되어
제 부푼 몸을 찌르는 곳도 공중이라는 공용이다

그렇다고 오후의 공터처럼
늘어진 무료들이 집합한 공간도 아니지만
공중은 할 일 없는 밤을 증명하는 곳이기도 하다

어둡다고 다 밤은 아니니까
전구 몇 개 켜졌다고 다 밤은 아니니까
반드시 별이 빛나야 다 밤은 아니니까
공중이라는 공용이 없었다면
밤은 발로 걷는 긴 여정에 잠깐 끼어드는
어리둥절, 혹은 허둥지둥이 되었을 것이다

공중이 공용이라고 하여 아무나 다 사용할 수 있는 공간
이 아니라서 우리는 기껏 줄 끊긴 연을 잃어버린 기억을
되살리거나 심심풀이로 던진 돌멩이 몇 개가 긴 궤적을
그리며 날아가는 순간을 그려보는 일이 공중을 사용하
는 전부다

나무의 그늘과 바람이
꽃지는 일을 협업하는 공중

마음을 공중에 내건 사람이
꼭 룽다처럼 펄럭이고
흔적 없는 것들이 다녀가고
다음 계절로 건너가는 꽃들도 왁자지껄 지나간다

땅속엔 뼈가 많다

뼈는 고요하고 순종적이다

파묘를 하면
들어갈 때의 자세를
한 치의 흐트러짐도 없이 지키고 있는 뼈
몸 대부분을 다 내어주면서도
뼈는 고스란히 지키고 있다
마치 이곳에서 한 발짝도 움직이지 말라는
명령을 받드는 것처럼
한 자세로 오래 견디고 있다
그렇다는 것을, 그러리라는 것을
산 사람들은 알고 있어서
파묘 전에도
그곳에 한 벌 뼈가 있다는 것을 믿는다

땅속엔 뼈가 참 많다
많지만, 그 많은 뼈로 걸어 다니거나
이곳저곳으로 옮겨 다니지 않는다
나무들은 근처의 개울물을 뼈로 삼고 있고

바위들은 제 무게를 뼈로 삼고 있다

망자가 오래 먹여 살린 사각의 구덩이는
스러져 가는 몸을 다 내어주면서도
벌레들이 바삐 들었다 나가는 누옥을
덩그러니 지키고 있는
외로움을 뼈로 삼고 있다

가끔 땅이 뒤척일 때가 있다
오래 비가 내릴 때는
고요하고 순종적이던 뼈들이
비로소 명령을 완수하는 순간이다

가면

말 한마디로 천 냥을 벌 수 있듯이
웃는 얼굴로도 천 리를 갈 수 있다.
어디선가 들은 이 말로 가면을 바꾼 적 많다

웃음 속에 셀 수도 없는 사람들을 들여놓고
빙그레 웃곤 했지만
때론 웃음에서 빠져나간 얼굴이
울음으로 흘러드는 것을
막지는 못했다

웃음을 넓게 펴면
가면 여러 겹을 만들 수 있다
어떤 가면은 서둘러 급조된 티가 나기도 하고
어떤 가면은 어색한 침묵이 따라오기도 한다
뻔히 알면서 주고받는 가면들로
서로에게 무언의 면죄를 확인하기도 한다

카멜레온은 주변을 자기 안에 들여놓아 내 것처럼 쓴다
초록을 가져와 몸을 물들이거나

노랑을 가져와 감정을 바꾸기도 한다
가면으로 자기를 숨기지 않고 애써 확보한 온도에
바람이나 풍경을 스스럼없이 받아들인다

가면 뒤로 숨는 일
그건, 주변을 받아들이지 못한 채
혹은, 상대를 들여놓지 못한 채
원래의 내가 눈감는 일이다

게임

할미새가 유튜브를 켜 든 채 담을 넘는 시각에 부리를 맞부딪히며 벌벌 떠는 물오리 걱정에 영문 모르던 창문이 쉴 새 없이 덜컹거렸다 배추 겉잎은 어린 속잎을 달래놓고 시퍼렇게 언 채 혹한의 거리로 달려 나갔다

깃발 내어 걸고 문 활짝 열어둔 보건소, 알전구 바삐 켜고 커피를 내주는 카페, 태어나 처음으로 잰걸음을 놓는 곰솔 숲도 단단한 다짐들을 들고 나섰다 지푸라기로 허리 질끈 동여맨 배추 곁에 그까짓 추위쯤이야 그까짓 호령쯤이야 아랑곳없는 보리싹들이 응원봉 흔들며 소리쳤고 바람은 눈치를 살피며 함성 언저리를 맴돌다 빠져나갔다

마을을 굽어보던 굴참나무가 열매를 선결제해주고
나팔꽃은 씨앗은 서둘러 봄을 부르러 갔다

밭고랑마다 무성하게 자라던 대파는 더 날카로운 문장으로 하늘에 상소문을 쓰고 마른 잎을 정리하는 전지가

위 앞에 다소곳이 덜미를 내어주는 웃자란 가지들도 있었다

청대 숲은 울렁거리는 중에도 참새들을 더 깊이 보듬어 주
었고
죽림 해변은 썰물이 졌는데도
끝내 빠져나가지 않은 슬픔이 저녁 내내 물컹하게 만져졌다

별 하나가 새벽까지 흔들렸으나
칡넝쿨은 제가 덮어버린 나무갓에서 끝내 내려올 생각이 없
었다

나팔꽃 넝쿨이 마침내 봄을 데리고 도착하자 게임은 끝났다

독도, 검은 꽃

푸른 파도 위에
꽃잎들이 피어있다
촛불을 밝혀 놓은 듯
독립문을 세워 놓은 듯
꽃잎 아흔한 개가 제 향기대로
검은 꽃송이로 피어났다

아침저녁 노을이 붉은 저고리를 입혀 드리고
동해가 푸른 치마를 지어드리는 독도는
첫 마음 그대로
너무 늦은 나를 기다리고 있었다

독도의 하늘로 이마를 씻는다
수박씨 뱉듯 뱉어내던 섬나라의 투정이
여기서는 한갓 저 물거품만도 못한 것

독도라는 한 떨기 검은 꽃이
흔들리는 날에는
지구는 울음이 터질 것이고

세상 바깥의 달은 바짝 야윌 것이다.
섬기린초는 노랗게 멀미를 할 것이고
이 불온을 기록하라는 계시처럼
하늘의 은하수도 점점 밝아갈 것이다

검은 꽃을 두고 오는 길
선창船窓을 두드리던 비는
동해 너울 속에 고독 농사를 여전히 지을 것이고
떠나는 내 등을 쓸어주던 검은 꽃은
잠시 멈추었던 좌선을 말없이 시작할 것이고
갈매기도 물너울을 부지런히 타고 넘을 것이다
바다가 푸른 치마를 백만 년 펄럭일 것이고
독도를 떠나 멀리 와버린 나도
검은 그늘을 백만 년 경작할 것이다

멀리 있어도 서로의 경작을 궁금해하며
단숨에 바다 너머까지 마음이 닿을 것이다

물의 시간

물은 도도한 시간을
바위에게 맡겨 놓는다

허둥지둥 흘러가는 사람의 시간 말고
지난해를 그대로 되풀이하는
풀꽃들의 판에 박힌 꽃송이들 말고
바위 하나가 물살에 다 닳아
울퉁불퉁한 근성이
어떤 물살에도 걸리지 않을 때까지를
물의 시간이라 말한다

바다는 되돌아오는 정각이 없지만
끊어진 적이 없어
늘 같은 시간이고 언제나 정각이다

바위들은 저도 모르는 사이에
반들거리는 소리가 된다
그건 고요한 물살이 바위에게서
조금씩 소리를 꺼내는 일이기도 하다

모든 사물에게 소리란
저를 닳게 하는 근성이므로
바위에 맡겨둔 물의 시간도 언젠가는
모래알만 해지고 물소리는 동이 나고
강은 그 폭을 줄일 것이다
물의 시간도 더 매끄러워질 것이다

공기, 나사못

세상에 태어나
한 번도 흔들리지 않는
나무는 없다

허공의 나뭇가지가 바람에 흔들리는 것은
더 잘 버티기 위해
나무의 근원을 힘껏 조이고 있는 거다

바람은 공기가 걷는 발자국이고
공기는 회오리를 일으키는 나사못 같은 것이어서
나무뿐만 아니라
폐호흡을 하는 존재들도
공기 나사못에 꽁꽁 박혀
일생을 옴짝달싹 못 한다

공기 나사못이 만든 회오리에 휘말리는 것은
영혼의 태자리를 찾아 라싸로 가는 길의
고행 같은 것이어서
모든 사물이 저의 중심을 찾아가는 닿는

순례 의식 같은 것이어서
회오리는 제 뿌리를 단단히 조이는
나무의 수행 같은 것이겠다

사물의 온갖 프로펠러에서 빠져나오거나 버려진
공기들도 다 돌기를 가진 나선형일 테니
고장 난 공기, 찌그러진 공기들은 또
거대한 자석 같은 태풍에 들러붙어
한 번씩 광폭해지는 것은 아닐까

바람개비를 들고 가만히 있으면
날개들이 돈다
바람이 나선형 돌기를 가진
공기인 것을 증명하듯.

철 없는 손등

아직 어린 손등은 참
철이 없었습니다

제멋대로인 내 손등과는 달리 언니의 손등은 착해서
조그만 공깃돌들을 잘도 업어주곤 했습니다

돌과 노는 법을 배웠으면 했습니다만, 어떤 이름으로 불
러도 돌은 한 번도 내 쪽으로 달려오거나 먼저 아는 척
한 적이 없었습니다

돌에 이름을 붙여 불러주는 일은
물색없는 짓이었을까요

나이가 많은 돌은 어느 탑의 굄돌로 살고 있고 어린 돌
은 밭 한가운데에서 아무리 비키라 해도 말을 듣지 않습
니다

열 몇 살에서
한두 살 정도 갈아내고 다듬으면

함께 놀기좋은 공깃돌이 됩니다

내 손등도 열 몇 살 정도 먹고
유연해지기 시작하면 돌과 함께 노는 착한 손등이 될까요

아무래도 내 손등은 갈수록 못된 손이 되려나 봅니다
철이 들만한 때가 넘었는데도
철들기 전보다 더 가벼워지려나 봅니다

지금은 나비보다도 더 떨고
또 어떤 손을 잡으면 쉽사리 놓지 않으려 하니까요

녹는 시간

양초가 녹아내리는 일과
쌓인 눈이 녹는 일

제 몸속 심지가 녹이는 촛불과
몸 밖 햇살에 녹아나는 쌓인 눈

그렇다면
저 커다란 바위가
오랜 시간 천천히 녹아 사라지는 시간엔
어떤 온도가 스며드는 것일까

바위가 녹는 일엔
비와 바람의 입김이 스쳐 가는 일일까

나뭇잎이 떨어뜨린 물기의 소식도
불어 터진 강물의 아량도
날 선 버드나무의 검법劍法도 들렀다 가는 일일까

절대 움직이지 않는,
지상의 한곳으로 진화한
제자리

낮은 곳에서 끓는 온도와
높은 곳에서 끓는 온도가
제각기 다른 이유처럼
서로 다른 극점을 섞어가며 끓는
지상의 닳고 닳는 일들

그 말과 이 말이 섞여
악담이 되고 미담이 되는 일과 같은
아량과 검법이 마구 섞여
바위 같은 제자리

계절을 열면 거기, 옷장이

옷장을 열고 사라진 계절이 있으므로
다시 계절을 열면 거기, 옷장이 있겠다

겨울이 눈보라들을 어떻게 설득하는지
며칠간 내린 비가
자신들의 범람을 어디에
차곡차곡 개어놓았는지를 볼 수 있겠다

계절 속을 떠도는 옷장에는
몇 개의 냄새가 가득 차 있다
사람이 단추들을 잃어버렸다고 생각하겠지만
사실은 계절이 단추들을 떨어뜨리는 것처럼
옷이 냄새를 입고 있는 것이 아니라
냄새가 옷을 걸치고 있다

여름이 물러진 냄새에서는
쭉정이가 오롯이 드러나듯이
옷장 속에서 나는 냄새에서는
낙후와 낙오가 드러난다

그러나 사라진 길을 더듬어 다시
우리에게 다시 찾아오는 계절은
떨어진 단추를 다시 달아 오고
무른 냄새를 싱싱하게 수선해온다

말투를 갈아입다

누군가 내 말투가 너무
차갑다고 해서
오늘, 햇봄의 말투로 갈아입었다

그동안의 말투는 두꺼운 옷을 입고 있었다
긴 팔과 단추가 여럿 달린 말투들이어서
말을 할라치면
한참 동안 단추를 풀어야 했다

또 어떤 말을 듣고는
말을 푼만큼 닫는 시간도 길었다
고드름 끝처럼 날카로웠고
빙판처럼 미끄러워서
자칫, 쉽게 기우뚱거리는 말투로
두 팔을 휘젓곤 했던 기억이 있다

새로 갈아입은 말투는 우선
얄브스름해서 전보다 훨씬 가벼워졌다
봄바람의 결을 따라 말투의 뿌리를 옮기거나

태양의 기울기를 따라 말투의 그늘을 옮기면
흐린 날처럼 오해가 없어 좋을 것 같다

직유들을 쓸 때는 물줄기나
그때그때 불어오는 바람을 빗대면
자연스럽기도 했다

대신 챙이 넓은 말투와
봄의 꽃들에게서
혹은 여름 과일들에게서 조언을 구하면
말투는 좀 더 향긋해질 것 같다

꽃이 그랬다

햇볕이 꽃을 피운다고
말하지 마라

바람이 꽃을 지운다고
탓하지 마라

피는 것도
지는 것도

꽃이 그랬다

인간 본성과 만유 존재가 교응交應하는
심미적 이미지의 선시禪詩

소재호 시인 · 문학평론가

인간 본성과 만유 존재가 교응交應하는
심미적 이미지의 선시禪詩

- 김영시인의 시 속에는 바위의 침묵과
물의 시간과 하늘의 소리가 들어 있다

소재호 시인 · 문학평론가

"시는 한 떨기 화초가 수분을 갈구하는 뿌리와 아름답게 피어나는 꽃송이 사이에 감도는 침묵이고 또한 속삭임이다."라는 서양 어느 시인의 화두를 접하고 필자는 자못 공명共鳴하는 바가 컸다. 사실 꽃이나 뿌리에게는 어떤 속삭임도 침묵도 없는 것이다. 우리가 일상으로 만나는 사물 중의 하나일 뿐이다. 한 떨기 화초를 구태여 구분하여 꽃과 뿌리로 변별하는 이름을 지었을 뿐, 그냥 그대로 한 그루 꽃나무일 뿐이다. 그럴뿐더러 꽃과 뿌리 사이에는 어떤 연관성이 있거나 없거나 하등의 설명이 끼어들 필요도 없는 것이다.

또는 어떤 상반된 의미가 있거나 하는 것인가? 서로 대칭하고 대척하는 관계이기라도 한가? 사물의 속성이나 질료 면에서, 또는 그 태생적 본질에 입각하여서도 논할 가치나 논해야 할 당위성도 전혀 없는 것이다.

그러나 시라는 개념을 등장시키며 한 떨기 화초에 비유시키는 화법은 명징明澄한 아우라를 여미어 느닷없이 심상치 않은 의미로 부각되고 만다. 시를 정의하면서 그 모호성을 더 애매함에 빗대는 궤변이 아닐까 하는 의문도 뒤따른다. '침묵'과 '없음'의 관계처럼 반대 개념인데, 함께 묶어 동류어법으로 설說해 놓았으니 너무나 엉뚱한 것이 아니겠는가?

불계佛界에서 용수란 사람의 공空사상이 상기된다. 없음의 천지, 곧 허공에는 억만의 인연이 얽히고설키어 소위 연기緣起의 파장이 이는 광장이라는 논리를 편다. 우주내 삼라만상의 존재 배경은 공空이라 말한다. 그러니까 공은 존재의 본질이라는 궤변에 도달한다. 필자가 그대로 맞게 옮겨 온 것은 아니지만, 하여간 '침묵'을 공이라고 본다면 '속삭임'은 온 누리에 존재하는 온갖 사상事象일 터이다. 이럴 때 당장 등장시켜야 할 필연성으로 프랑스 상징주의 시인들(특히 보들레르)의 교응交應의 미학美學을 끌어들일 수 있겠다. 교응이란 말은 조응照應이란 말과 동의어이다. 사물들 사이 서로 상보하며, 서로 비추어 밝게 함이요, 사물과 사물의 상호 넘나듦이요, 교합·교차이며, 무시로 해체와 합일의 반복을 일컫는 말이다. 예컨대 모든 감각의 공감각이요, 시·공의 넘나듦이요, 생·사의 넘나듦이기도 하다.

상징주의에 의하면, 그 같은 교응의 세계를 체험할 수 있는 자는 특이한 능력을 지닌 탁월한 시인뿐이라고 한다.

일상적, 주정적, 논리적인 자아를 탈피해서 자아를 객관 세계와 우주적 범주에 진입시켜, 만물과 자아와의 신통스러운 교합을 이룰 수 있어야 한다고 주장한다. 이를테면 이심전심以心傳心의 묘법을 가지고 자아와 세계, 현상과 현상 간의 조화로운 합일을 도모할 수 있는 일종의 각자覺者 또는 접신술사接神術師가 되어야 한다는 주장이다.

이러한 능력의 시인을 랭보는 견자見者,Voyant라 했다. 견자란 그의 말로 "나는 타자다"라고 할 때의 '자아 곧 타자'의 특별한 능력을 수행한 자이다. 그러니까 견자 또는 각자로의 시인은 자아가 동시에 타자가 되고 타자도 곧 자아가 될 수 있는 무소불위無所不爲의 신통력을 지닌 자인 것이다. 그래야 비로소 시인은 바람과 노닐고 구름과 더불어 이야기하는 교응의 시인이 되는 것이며 또 인생을 굽어보며 노력 없이도 말 없는 한 떨기 화초에서 꽃과 뿌리와의 침묵과 속삭임을 읽어내고, 모든 사물들의 언어를 이해하는 견자의 시인이 되는 것이다.

그리고 다음으로 교응의 미학으로 중요한 것은 현상과 본질, 물질과 정신, 육체와 영혼, 인간과 신 등 사이에서 이루어지는 경우이다. 상징주의에서는 물직적, 감각적, 가시적인 현상 세계와 정신적, 관념적, 불가시적인 본질 세계에서는 물론, 지상적 존재인 인간과 천상적 존재인 신 사이에서 또는 육체적, 물질적 자아와 정신적 관념적 자아 사이에서도 어떤 내적이고 영적인 합일이 이루어지고 있음이 확인된다. 이를 현묘한 교응이 미학 안에서 천착해 봄직한 것이다.

김영 시인의 시 편편을 음미하노라면, 노자가 노닐던 무위자연無爲自然의 '스스로 그러한 대로'의 세계에서 경經을 읽어낸다. 무념무상의 사물에게서 그 침묵의 심층 세계를 문장으로 의미화한다. 그러니까 문장의 형상화를 깨닫는 각자覺者가 되어있는 것이다. 시 속의 화자는 무수한 자아로 분열하거나 굴절하며 온갖 심리적 자아가 파생한다. 온갖 역설이나 아이러니를 합일로 둔갑시킨다. 사르트르의 철학에서 즉자卽自와 대자對自가 대칭 합일을 거쳐, 다시 통일되어 자기 자신의 본질을 구현한다는 그런 궤적을 밟아 김영 시인의 시적 자아는 그렇게 변용한다. 위렌의 말인 바 '시는 아이러니의 불꽃'이라 하였는데, 만가지 사상事象을 해체하고 새롭게 본질에 상도하여 구축하는 지혜를

김영의 시에서 자주 발견된다. 김영의 시에서 화자인 자아
는 잠재의식 안에서 집단무의식에 침잠하여 우주적 대아
로 설법을 이끈다. 바다, 저 막막한 시·공을, 무한하게 기
호화하고 다시 인간 언어로 구현하거나 신의 경經으로 부
양해내는 소위 랭보의 견자가 되어있음을 필자는 어렵지
않게 목도하게 된다. 이 소스라치게 놀라운 경이驚異는 시
를 생산하는 시인의 무한 신통력에서 기인한다. 침묵이 소
리가 되고 소리는 의미를 담아서 언어의 미적 구조를 갖춤
이니, 시가 엮어지는 궤정이 자못 흥미롭기까지 한 것이
다.

　이제 시 몇 편을 음미해 본다

　상전, 이라는 말
　유쾌하지 않지만
　꽃들을 생각하면 흐뭇해진다

　가장 높은 곳에 꽃송이들을 앉혀두고
　줄기들은 단 한 번도 주저앉거나 기대지 않는다

　화무십일홍이란 웬만한 꽃을 극진하게 상전으로 모시는
　시간, 임기를 마친 꽃의 행장은 압축파일로 봉인하여 마침
　내 눈도 코도 귀도 소용없는 씨앗이 된다

　더는 문장이나 수사를 끌고 가지 않는
　마침표가 된다

제가 섬기던 상전을 줄기는, 위에서 가장 낮은 곳으로 혹은 뿌리에서 가장 먼 쪽으로 떠나는 바람에 태워 낯선 장소에 부려 놓는다. 이때 흙은 꽃의 기억을 초기화한다. 세상의 모든 어휘사전은 이때를 기점으로 상전이 위를 지칭하지 않는다고 수정한다

꽃이었던 씨앗은 흙을 상전으로 받들고 흙은 씨앗의 윗전이 되어 다음 계절이 온다. 그것이 꽃들의 의례여서 봄이 봄으로 다시 온다는 것을 줄기들은 알고 있다

가장 위쪽에서 피는 꽃도
가장 위쪽이 되고 싶은 사람도
한편으로는 제 위쪽을 늘 비워놓는다

위의 上이라는 말과 아래의 下라는 말을 붙여보면 두 글자가 같은 바닥과 같은 줄기를 나누어 쓰고 있다는 것을 알수 있다. 심지어 줄기에서 돋는 첫 잎 같은 첫 획도 같은 방향이라는 걸 알 수 있다

위와 아래가 같은 마음으로 번갈아 다음 계절이 되는 것이다
— 「상전이라는 말」 전문

'가장 높은 곳에 꽃송이들을 앉혀두고 줄기들은 단 한 번도 주저앉거나 기대지 않는다' 꽃이 화초들 꽃대공이 맨 위에 앉음을 견자의 논으로 통찰한 것이다.
'상전'은 맨 윗자리에 모시는 신분을 말한다. 어느덧 의

인법으로 인간세의 법도에 비유시킨다.

 '민들레꽃'을 예 들어본다. 한 그루 화초에 단 한 송이 꽃을, 꽃대 공이를 뽑아 그 가장 윗자리에 앉힌다. 줄기는 외기둥으로 달랑 하나, 오로지 한 송이 꽃을 위해서만 그 기능을 수행한다. 모든 이파리들은 땅바닥에 찰싹 붙어 있다. 꽃을 상전으로 모시는 기타 모든 몸채는 이랫것들 소임일 뿐이다. 민들레 꽃잎을 헤아려보면 250여 개에 이른다. 꽃잎이 이보다 더 많은 꽃이 지상에 또 있을까? 꽃이 지고 씨앗으로 영글면 하얀 깃을 달고 하늘에 전원 비상을 한다. '上'과 '下'가 이렇게 한 자리에서 형용되는 꽃도 다시는 없으리라. 계절들이 순차적으로 지나가고 비바람이 억세게 산천을 몰아쳐도 풀꽃 하나 단정히 봄의 상징으로 고유의 빛깔을 빚고 있었던 것이다.

 '제가 섬기던 상전을 줄기는, 위에서 가장 낮은 곳으로 혹은 뿌리에서 가장 먼 쪽으로 떠나는 바람에 태워 낯선 장소에 부려 놓는다.' '이때 흙은 꽃의 기억을 초기화 한다.' 꽃과 뿌리 사이에는 무한대의 침묵이 감돌고 있으나, 이후엔 '상전이 위를 지칭하지 않는다'라고 수정된다.

 '꽃이었던 씨앗은 흙을 상전으로 받들고 흙은 씨앗의 윗전이 되어 다음 계절이 온다' 하였으니 이 기막힌 반전을 우리는 어떻게 평하고 설할 것인가? 역설과 대칭의 합일, 아니면 아이러니의 불꽃을 거쳐, 공의 세계로 나아갈 것이다.

'가장 위쪽에서 피는 꽃도/ 가장 위쪽이 되고 싶은 사람도/ 한편으로는 제 위쪽을 늘 비워놓는다.// 시는 철학이 아니지만 시적 철학화는 필수라고 일러온다. 비워놓은 가장 위쪽은 무엇일까? 천지의 운명을 재량裁量하는 신의 경지가 아닐까? 한 떨기 식물을 인간 법도에 합일시키는 논법이 보들레르가 말하는 교응의 미학이 아닐까? '위와 아래가 같은 마음으로 번갈아 다음 계절이 되는 것이다.' 자연에게서 기호를 읽고 이를 경전화經典化하는 필법이 가랑가랑 전지전능한 신의 말씀인 것이다. 또한 줄기가, 아니 꽃 한 떨기가 유전하여 계절로 변환한다고 하였으니 이 시의 결정인 셈이다.

바깥에 두려움을 두고
안쪽에서 두려워한다

생각해보면 나는 자신의 가장 깊숙한 안쪽에
온갖 혐오스러운 바깥을 두고 있다
그런 바깥을 떼어내려고 화장을 하고
거울을 보며 큼큼 헛기침을 불러오고
옷매무새를 이리저리 매만진다

바깥은 조그만 틈 저쪽에 있고
안쪽은 움츠린 숨 이쪽에 있다

원래 가느다란 두려움은 커다랗게 부풀어 있고

원래 커다란 숨결은 가느다랗게 좁아들어 있다

아무 기척도 없이 안쪽에 숨어 있지만
그런 안쪽을 못 견딘다면 넓고 넓은
바깥을 안쪽으로 살아내야 한다

그 많은 두려움이란 사실
다 안쪽에 존재한다
안쪽에 두려움을 꼭꼭 갈무리해 두고
자신을 꼭 닫아놓을 마개 하나씩 모두 갖고 있다
조금이라도 새어나가는 것을 참지 못한다

저의 안쪽을 다 흘리는 일로
봄날의 꽃들이 만발해 있다
그런 뒤에야 시고 떫고 달콤한 안쪽을 위한
마개 하나씩 닫고 가을까지 간다

지금 캄캄한 안쪽은
저 혼자 어둠을 먹이 삼아 가을볕처럼 익어
마침내 마개를 열어젖힐 것이다
                                    - 「두려운 바깥」 전문

　여기서 두려움이란 형상이 없는 개념이며, 감성의 어휘
이지만 형상(물상) 이상의 상징성을 띤다.
　두려움은 조상 대대로 유전되어온 콤플렉스일 터이며,
민족적으로 공유되어온 집단 무의식 속의 역시 콤플렉스

인 셈이다. 이 두려움은 잠재의식의 한 판이며 제의 자아로 파생된 '리비도'인 것이다.

두려움은 그대로 공포이며, 트라우마이며, 부끄러움이며 감추고 싶은 자아의 모든 것이다. 소위 격률이라 하는바, 행위와 규범과 윤리의 원칙이 아닌 반격률적 행태인것이다. 바깥이란 벽을 설치하고 안과 유별하며 부끄러움을 감추려 하지만 마치 나무의 수액처럼 자아의 심리적 안쪽에 무한 굽이치고 생동하며 자아의 끊임없는 굴적을 도모한다. 안쪽과 바깥이 통섭統攝하며 '봄날의 꽃들이 만발해 있다'라는 결기에 이른다.

'지금 캄캄한 안쪽은/ 저 혼자 어둠을 먹이 삼아 가을볕처럼 익어/ 마침내 마개를 열어젖힐 것이다//'에 이르러안과 밖은 합일에 이른다.

가끔 옆이나 뒤
혹은 앞쪽과도 마음 맞지 않을 때
습지를 날아오르는
새 떼들이 부럽다

어쩌면 저렇게 한마음으로
한 방향으로 뭉쳐날 수 있나
어느 체계가 저렇게 급강하를 하고도
어지럼증도 없이
일제히 솟구칠 수 있나

공중 한편에
깃털이 돋아난 커다란 무리가
마치 한 마리 같은 새 떼
혹은 여러 마리 같은
한 마리 질서

수시로 앞과 뒤를 섞으면서
공중을 휘어잡는 저 일사불란
날개 수백 개가 한 방향을 향해
겹겹이 허공을 박음질하는 통솔의 통솔력
만 개의 입이 재잘거려도
토씨 하나도 어긋나지 않는 저 만구일담

그런 합일이 부러워 마냥 쳐다본다

간혹 파편처럼 퉁겨지는 새가 있지만,
이내 거대한 자석에 이끌리듯
제 줄을 찾아간다
막 어둑해지려는 공중을 수놓는
만장일치가 밤을 거뜬히 건너고 있다

ー「새 떼」 전문

미국에서 딱새들이 수만 수백만 마리 떼지어 대륙을 횡
단하며 하늘의 태양을 가려 밤처럼 어둡게 한 장면을 TV
에서 본 일이 있었다.

새와 새의 간격은 5cm 내외라 한다. 좁은 공간을 공평
하게 공유하면서도 부딪히지도 않고 한 덩어리고 하늘을

뒤덮는 모습은 가이 기적같은 것이었다.

'수시로 앞과 뒤를 섞으면서/ 공중을 휘어잡는 저 일사분란/ 날개 수백 개가 한 방향을 향해/ 겹겹이 허공을 박음질하는 통솔의 통솔력/ 만개의 입이 재잘거려도/ 토씨 하나도 어긋나지 않는 저 만구일담//' 이 상황은 동물들이 일으키는 기적이 아닐 수 없다. 신기하기조차 한 것이다.

동물학자들은 이 형태를 집단 인식이니 집단 감각이니 하며 경이로와 한다.

인간사회의 저러한 형상의 발로를 집단 지성이라고들 한다. 한국 민족의 집단 지성은 민족의 정체성을 표상한다. 집단 이성, 집단 감성, 집단 영성이라고까지 예찬한다. 우리 민족은 오천 년 동안 국난을 헤쳐오며 집단 지성으로 집단 목적을 집단으로 극복해 왔다.

특히 집단 영감이 민족의 정기로 이어져 그 영성으로 문화 예술의 창달이 오늘에 접맥되었다고 일러진다.

우리 조상으로부터 면연한 사상이나 학풍은 원융회통圓融會通의 민족정신으로 승화되었다고 일컬어진다. 이 시를 필자는 오독誤讀하고 있지 않는가 하는 의구심도 들었다. 새떼에서 민족의 사상이나 민족성까지를 연계시킴은 무리일 것이라는 생각 때문이다. 한편 외국학자들도 우리 민족의 전통 정신을 회통과 화용으로 민족의 고난을 타개해 왔다는 주장을 펴기도 한다. 각자가 각자를 포월包越하여 막힘과 경계를 넘는다고도 말한다. 모두를 끌어안고 극난한 시대를 넘는다 함이니 무척 자존감 넘치는 언사가 아닌가? 결구에서 '만장일치가 밤을 거뜬히 건너고 있다'고 했다. 밤이란 민족에 당하여서는 극한의 환난인 것이다. 전쟁이거나 무한 가난이거나 처절한 병마일 수도 있겠다. 다 이기고 살아남아서 하늘을 비로소 경영하는 우리 민족의 집단 영성을 일신우일신日新又日新할 것이다.

자판을 두드리는 동안 마음을 수평선에 걸어둔다
잘라낸 손톱이 아쉬운 낱말보다 먼저 자라난다

물 젖은 문장을 뒤적거리는 가마우지들과
풀렸다고 생각하면 엉기고
열렸다고 생각하면 막히는 글줄들, 그리고
자판 앞에서 전전긍긍하는 동안
여지없이 다시 자라는 손톱들

눈치 없이 깜빡거리는 커서와
걸핏하면 캄캄하게 저무는 노트북을
다 식은 커피 향기 아래 펼쳐두고
조가비들이 수행하는 해변으로
한 소식 들어보러 간다
한 말씀 챙겨보러 간다
간신히 찾아낸 문장들은 껍데기만 남았고
나는 순례자가 되어 되어 서성거린다

始作 時作 試作 詩作

해안으로 다시 밀려오는 파도들
해안선 너머까지 자라는 손톱들

해무를 덮고 까무룩 잠들었던 수평선과
수평선에 걸터앉아 다리 그네를 타는 먼 섬에는
닿지 못할 것 같은 문맥이 끝없이 이랑 진다

조개들의 가부좌가 즐비한 해변에서
하얗게 삭아 내리는 파도의 오도송을
귀 어두운 소나무에 기대어 듣는다
가끔 갸웃거리며 듣는다

문장을 기르는 잘피밭은 아직 무성하다
               - 「시작시작 밀려오는」 전문

'자판을 두드리며 마음을 수평선에 걸어둔다'라고 했다. 벌써 비약이 천 리를 뛴다. 시란 전적으로 상상력의 미적 실현이라 하기도 하고, 판타지의 이상적 구현이라고도 말한다. 자판을 두드리는 시의 화자는 가마우지들이 뒤적이는 물 젖은 문장을 만난다. 바다를, 그 파도를 대번에 문장으로 환치해 내는 슬기가 경이롭다.

'조가비들이 수행하는 해변으로/ 한 소식 들어보러 간다/ 한 말씀 챙겨보러 간다/' 간신히 찾아낸 문장들은 껍데기만 남았고/ 나는 순례자가 되어 서성거린다// 해변에 나가 문장들은 찾았지만, 문장 속의 영혼은 아직 건지지 못했다는 고백이리라.

'始作 時作 試作 詩作/ 해안으로 다시 밀려오는 파도들/ 해안선 너머까지 자라는 손톱들// 해무를 덮고 까무룩 잠들었던 수평선과/ 수평선에 걸터앉아 다리 그네를 타는 먼 섬에는/ 닿지 못할 것 같은 문맥이 끝없이 이랑 진다//' 파도가 시시때때로 변용하는 기표記標가 온갖 변별성으로 기의記意를 지니는 '시작'은 의성적이며 유의미를 함축하는 이중적 효과가 탁월하다. 파도의 의성적 음성률, 의태적 용용의 기표 등으로 시의 품격을 현저히 높인다.

그리고 무수한 문맥들이 이랑 짓는 해변을 회화적으로 묘사한다. 시가 다의적多義的이며 절묘하게 서사를 담는다. 파도가 일으키는 문장의 깊은 뜻은 신의 계시가 아닐까? 문장의 진의가 끝내는 오도송悟道頌으로 환치된다. 시가 절창이다.

악마와 영혼을 거래할 수 있을까 생각하며
바닷가에 서면
한 꺼풀의 나 다시 밀려온다
기를 쓰고 덤비던 나
거품 물고 대들던 나
길을 벗어난 채 흘러가던 나
일요일마다 세탁기에 처박은 나가
바닷가에 서 있으면 한꺼번에 밀려온다

어떤 나는 씻어내도 씻어내도
세상 구석에 잠깐 웅크렸다가
도로 내게 밀물지고
어떤 나는 일주일 정도 세탁소에 맡겼다 찾아와도
고약한 흔적이 사라지지 않는다
태어나던 순간의 나로 포맷되지 않는다

나를 다시 찾아오는 나
내게 다시 덮어쓰는 나
나는 내게서 단 한 번도 한순간도
시원하게 썰물 된 적이 없었다

전생의 첫사랑처럼
맥없이 웃게 되고
보고 싶은 마음조차 아끼게 되는
나는 내 친구라는 소매 깃동에 박음질 되었는지
이물감 없는 내가 된다

여전히 씻고 또 씻어내도
여전히 밀려들고 또 밀려온다
여러 겁 씻기던 돌들은
여러 겹을 벗어버리고
모래가 되어가고
거품도 모래가 되려고
모래 속으로 파고 든다.
나는 아직 바닷가에 서 있다

－「자화상」 전문

윤동주의 「참회록」이나 「자화상」에서 시적 자아를 비평가들은 '분열적 자아'라고 평한다. 힌두교에서 '아바타'는 제2의 자아로서 분신, 화신을 말하지만, 신이 세상에 내려올 때 나타나는 여러 가지 모습을 일컫기도 한다.

심리학에서는 퍼소나(페르소나persona)라 하여 다양한 인격의 자아라든지, 자아의 분열을 말하며 시 속의 화자를 일컫는다.

김영 시인의 「자화상」은 저런 페르소나보다 더 심리학적인 자아의 분열이 온갖 변별성으로 부각한다. 섬세함이 극진하다. 괴테의 「파우스트」에서 등장인물의 캐릭터로서, 악마인 메피스토펠레스는 영혼을 거래하며 파우스트를 복마전으로 유인했지만 결국에는 파우스트 영혼이 하느님에 의해서 구원된다는 이야기를 담는다.

이 시에서 전지적 1인칭 자아는 세속에서 점염된 약간의 부정적 이미지를 씻어내기 위해 바닷가에 선다. 그런데 밀물로 연거푸 달려드는 파도가 바로 여러 형태의 자아로 환치된다. 자아를 청려하게 하려 하나 밀물의 드센 겁박(?)으로 좌절을 맞는다. 썰물에 대칭되는 밀물에게서 자아는 씻기지 않은 채 세파에 거듭 물든다. 끝내 '나는 아직 바닷가에 서 있다.' 자아의 궁극에 무아無我를 설정하는 불교사상이 암시된다.

　　물은 도도한 시간을

바위에게 맡겨 놓는다

허둥지둥 흘러가는 사람의 시간 말고
지난해를 그대로 되풀이하는
풀꽃들의 판에 박힌 꽃송이들 말고
바위 하나가 물살에 다 닳아
울퉁불퉁한 근성이
어떤 물살에도 걸리지 않을 때까지를
물의 시간이라 말한다

바다는 되돌아오는 정각이 없지만
끊어진 적이 없어
늘 같은 시간이고 언제나 정각이다

바위들은 저도 모르는 사이에
반들거리는 소리가 된다
그건 고요한 물살이 바위에게서
조금씩 소리를 꺼내는 일이기도 하다

모든 사물에게 소리란
저를 닳게 하는 근성이므로
바위에 맡겨둔 물의 시간도 언젠가는
모래알만 해지고 물소리는 동이 나고
강은 그 폭을 줄일 것이다
물의 시간도 더 매끄러워질 것이다

　　　　　　　　　　　－「물의 시간」 전문

『존재와 시간』이란 저서로 하이데커는 유명한 철학자가 되었다. 이 시에서 존재는 바위로 형상화하고 시간은 물로 형상화한다.

바위들은 저도 모르는 사이에/ 반들거리는 소리가 된다/ 그건 고요한 물살이 바위에게서/ 조금씩 소리를 꺼내는 일이기도 하다// 이 연에서 소리는 존재와 시간이 통섭統攝되는 절묘한 형상이다.

공감각共感覺과 형상화形象化의 고차원적 테크닉이 시를 구조한다. 그리고 결구에서 '물의 시간도 바위처럼 더 매끄러워질 것이다'라고 말한다. 시·공과 존재와 시간이 교응하는 현묘한 미학을 우리는 만난다. 시적 철학화가 오롯이 부각된다.

김영 시인의 시편들은 철학적 사유思惟를 함유하며 시적 결기를 충족시킨다. 이미지스트적 회화풍의 서정시이지만 감상적 애조의 정서는 애당초 절제되고 오히려 지성성이 풍부하면서 서서시의 구조를 갖춘다. 유의미의 철학이 시로 둔갑하는 교응의 미학이 번뜩이면서 능히 천재성을 발휘하므로 이에 경탄을 금치 못한다.

김 영 시집

예민한 봉다리

인 쇄 | 2025년 5월 1일
발 행 | 2025년 5월 5일

지은이 | 김 영
펴낸이 | 서 정 환
펴낸곳 | 인간과문학사
주   소 | 서울특별시 종로구 삼일대로 30길 21, 종로오피스텔 714호
전   화 | 02)747-5874, 063)275-4000
등   록 | 제300-2013-10호
E-mail | sina321@hanmail.net

* 저자와 협의하여 인지는 생략합니다.
* 잘못된 책은 바꿔 드립니다.

ISBN 979-11-6084-254-8 03810
값 12,000원

Printed in KOREA